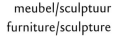

PAUL BECKMAN

meubel/sculptuur
furniture/sculpture

5.7.1997 - 8.3.1998

Museum Boijmans Van Beuningen Rotterdam

VOORWOORD

Paul Beckman, van oorsprong meubelmaker, werkt al ruim twintig jaar in het grensgebied tussen toegepaste en beeldende kunst. Zijn meubelsculpturen kunnen als op zichzelf staande objecten worden beschouwd, maar tegelijkertijd zijn ze ook functioneel. Hoewel hij terdege aandacht heeft voor de gebruiksfunctie van zijn meubel-ontwerpen, hanteert hij een dermate persoonlijke, beeldende vormentaal dat zijn meubels het karakter van sculpturen krijgen. Met inbegrip van alle practische eisen die men aan dergelijke gebruiksvoorwerpen mag stellen, laat hij zich in de vormgeving van zijn meubels vooral leiden door zijn associatieve verbeelding. Zo kan het Colosseum in Rome als voorbeeld dienen voor een wandmeubel, fungeren de Maasbruggen in Rotterdam als inspiratiebron voor een zitbank, vormt een rotsige rivierbedding de aanleiding voor een kaptafel, wordt een stuk witte kant getransformeerd tot kamerscherm, en wordt in 'Fata morgana', een door palmbomen en flamingo's omgeven bed, het visioen van een verkwikkende oase werkelijkheid.

Wij hechten als museum grote waarde aan het werk en het kunstenaarschap van Paul Beckman. Dit moge blijken uit eerdere presentaties waarop zijn werk te zien was, zoals 'Kunst uit Rotterdam' (1984), 'Beelden in de stad' (1988), 'Het meubel verbeeld' (1988), de door de toenmalige stadsconservator Jan van Adrichem geïnitieerde tentoonstelling 'Compositie met Rozen' (1989) en diverse presentaties van de Stadscollectie. Daarnaast was er in 1987 nog een kleine solo-tentoonstelling. De grote kracht van Paul Beckman is dat hij als één van de zeer weinigen er telkens weer in slaagt meubels te ontwerpen die ook het wezenlijke karakter van beeldhouwkunst in zich dragen. Ook al is zijn idioom veel vrijer en verhalender en hanteert hij nauwelijks enig vormvoorschrift, toch past hij precies in de traditie van zijn grote voorganger Gerrit Rietveld die ook op dit snijpunt van bijna tegengestelde belangen en uitgangspunten werkte en daarin een perfecte balans vond.

En zoals Rietveld in alle bescheidenheid eens opmerkte: "Soms ontsnapt er kunst", zo ontstijgen in de beste gevallen de meubels van Beckman hun onderwerp en worden tot zelfstandige, bijna abstracte sculpturen. Ze zijn dan nog slechts een 'voorstelling' van een meubel.

Wij danken in de eerste plaats Paul Beckman voor deze boeiende reeks tentoonstellingen, waaraan hij met zoveel overgave en enthousiasme heeft gewerkt. De bruikleengevers zijn wij zeer erkentelijk voor hun bereidwillige medewerking aan dit project. Dank ook aan Karel Schampers, die de tentoonstelling voorbereidde, en Gracia Lebbink die de catalogus heeft vormgegeven; bijzondere dank aan de auteurs voor hun bijdragen in de catalogus.

Chris Dercon
directeur Museum Boijmans Van Beuningen

ALICE IN WONDERLAND

De *make-up tafel* met spiegel (pag. 27) van Paul Beckman lijkt afkomstig uit het boudoir van Wilma Flintstone. De tafel wordt links ondersteund door een boomtak, rechts door een rotsblok. Het zitelement oogt robuust als een brok graniet en zelfs de wolk boven de spiegel lijkt uit steen gehakt. Toch breekt Beckman geen ijzer met handen, noch slaat hij water en vogels uit de rotsen met een tak.

Voor de kunstenaar Beckman, die zichzelf 'decorateur' noemt, zijn de strenge vormgeversuitgangspunten van de Bauhausarchitecten een horreur. Veeleer zal hij inspiratie putten uit het mechaniek waarmee de nephaai uit de film *Jaws* zo gevaarlijk echt leek of de trucages waarmee de filmmakers van Hollywood *King Kong* over wolkenkrabbers lieten klauteren.

De meubels van Beckman zijn bezielde figuraties of ensceneringen uit gefantaseerde verhalen. De recente serie meubels wordt echter steeds abstracter. Ronde zonnen worden vierkant en de anekdotische aanleiding minder zichtbaar, zoals in de glazen tafel met gevleugelde engelen. Hij tovert op verzoek sombere zolderkamers op driehoog achter om in een tropisch eiland in de stille Zuidzee, in de rotswoning van de Flintstones of in de klassieke bibliotheek van een vorst. Beckman, die alle onderwerpen zelf uitvoert, weet op ingenieuze wijze praktische oplossingen te verbergen in de coulissen van zijn decors. Het lampje van de make-up tafel zit verscholen achter de zon die tevens spiegel is. Het electriciteitssnoer loopt onzichtbaar langs de takken. De holle ruimtes in de rotsblokken van formica bevatten op verrassende wijze laden en kastjes. Wie zich een meubel van Beckman aanschaft, wordt willens en wetens geleid naar de wereld achter de spiegel, het wonderland van de kleine Alice.

Paul Donker Duyvis

ER IS NIETS TEGEN GEOUDEHOER ...

'Er is niets tegen geoudehoer, als er maar Gods zegen op rust'. Zo luidt de spreuk op een eenvoudige witte tegel in handschrift geglazuurd, gesigneerd Gerard Reve. Paul Beckman kreeg hem van De Grote Nederlandse Volksschrijver zelf. Hij was ooit een van de 'vier internationale huisvrouwen', een panel samengesteld door de schrijver dat zijn nieuwe manuscripten voor de publicatie ervan moest becommentariëren. Met de Volksschrijver deelt Beckman de liefde voor de wijn en voor de bizarre kwinkslagen van het leven, en een afkeer van pretenties. Met veel plezier herhaalde Beckman al vaak aan zijn keukentafel voor vrienden en bekenden het 'kunsthistoricus-incident': jong, ambitieus kunsthistoricus zaagt tijdens een werkbezoek aan dezelfde tafel zolang zwaarwichtig door over de 'kunsthistorische context' van Beckmans werk dat de kunstenaar hem zonder pardon de deur uit zet. Het verhaal eindigt altijd op dezelfde manier: zichtbaar genietend van de herinnering aan zijn kordate actie tuit de kunstenaar zijn lippen en plaatst ze tevreden, licht naar voren gebogen met zorg aan zijn glaasje. Erkend kunstenaar of niet, hij wil in zijn waarde gelaten worden. Als een van twaalf kinderen uit een Schiedams arbeidersgezin (zijn vader was verkoper van sloophout), kreeg hij nooit meer dan enkele jaren ambachtsschool. Jarenlang werkte hij in de marge van de kunstwereld, waar hij zich zonder veel opzet met een langzaam groeiend oeuvre een heel eigen plaats veroverde. Hij deed dit met zo min mogelijk ophef. Maar weinig mensen weten dat hij al tien jaar geleden een belangrijke Rotterdamse kunstprijs (de Chabot-Prijs) won. Grote statements maakt hij niet; revolutionaire visies laat hij over aan andere kunstenaars. Zijn belangrijkste criterium voor een nieuw werk is dat hij het zelf in huis wil hebben.

Toen het grensgebied tussen meubel en kunstwerk een plaats kreeg in de kunst, kon Beckman plotseling zijn werk exposeren. Bijna al dit werk maakte hij in opdracht; ieder meubel is uniek, en verbonden met een bepaalde plaats in een bepaald huis, gemaakt voor een bepaald persoon. Het is, vindt hij, bij alle vrijheid die een kunstenaar van de opdrachtgever krijgt wel prettig om een beetje 'klem te zitten' tussen een aantal eisen. Hij gebruikt vooral hout, construeert en bewerkt bijna ieder object zelf met eenvoudig gereedschap, en met de liefde voor het ambacht van de meubelmaker, dat hij leerde in een baantje als restaurateur van antieke meubels. Ordinair formica in kermiskleuren tilt hij met dezelfde degelijke ambachtelijkheid moeiteloos boven de gewone goedkope sfeer ervan uit.

Met de grote Volksschrijver, en met een klein aantal andere bekende Rotterdamse kunstenaars, deelt Beckman vooral het bijzondere talent om ernst en humor naadloos aan elkaar te smeden. Het Grote en het kleine zitten in het leven en in zijn werk altijd dicht op elkaar. Menige beschrijving van een interessante persoonlijkheid uit zijn omgeving blijkt bij nader inzien over een kat te gaan. Kleine anekdotes over de buurvrouw, een van zijn vrienden, een van zijn reizen, een beschrijving van een film, een muziekstuk, een jeugdherinnering, gaan ongemerkt over in een omschrijving van zijn artistieke werk.

Aan de basis van de vorm voor zijn meubels liggen grote en kleine natuurverschijnselen. Sentimenten en gebeurtenissen die geen zinnig mens als meubelstuk zou zien, laat staan als práchtig meubel, totdat Beckman het maakt: ondergaande zon in zee, een waterval, wolkenkrabbers, een vis onder water, een wolkenlucht, de reflecties van zonlicht in water, een stukje gesteven kant, de ringen van een steen in water, engeltjes piesend in een plas op een tafel, de verliefdheid van een opgroeiend meisje, een lotusbloem in knop, harde wind, golfslag. De definitieve vorm vindt hij altijd pas terwijl hij werkt; ontwerpen en tekenen heeft hij nooit geleerd.

Zijn persoon, zijn werk, zelfs zijn huis en werkplaats, zo scheef en bouwvallig over de straat hangend dat de wetten van de zwaartekracht plaatselijk buiten werking lijken, zijn een permanente kleine muiterij tegen de bestaande hiërarchie der dingen. Ook zijn liefde voor India heeft alles te maken met de rust en vindingrijkheid

waarmee de gewone Indiër orde schept in zijn dagelijkse
bestaan aan de rand van een voortdurende bijna-fatale
chaos. En met de prachtige vrouwen, natuurlijk.
Beckmans scheve huis wordt binnenkort afgebroken;
zijn werk is nu officieel bijgezet in een reeks tentoonstellingen in een museum, en hier is zijn eerste catalogus.
Onlangs verloor hij bij een escapade tijdens een maan-
loze nacht zijn nieuwe bril in de vijver van zijn tuin,
waar straks nieuwe huizen komen. Een bagger zal die
later met een grote klomp aarde op een vrachtwagen
dumpen. Het was, vertelt Beckman grijnzend, zijn eerste
bril met 'varioglazen': om dichtbij en veraf tegelijk te
kijken. Maar die visie op de wereld neemt hij ondanks dit
verlies mee naar de rest van zijn leven. Want die is met
hem vergroeid.

Riki Simons
30-10-1997

HET MOET ALTIJD ANDERS ZIJN

… is de taak die Paul Beckman, kunstenaar, zichzelf heeft gesteld en die hij voortdurend in zijn werk nastreeft.

Een tafel, een stoel, een kast, een kamerscherm, stuk voor stuk voorwerpen zo gewoon dat wij ze ons niet meer bewust zijn, worden in handen van Paul weer geheel nieuw en verrassend en sprookjesachtig. Een directietafel met stoelen wordt een speels kunstwerk dat ondanks het sobere materiaal, witgeverfd hout en glas, volledig in harmonie is met de bestemde ruimte (een negentiende eeuwse neo-klassieke stijlkamer). Maar ook in de referentieloze omgeving van het museum is het een autonoom kunstwerk waarvan men niet hoeft te weten dat in de uitbundige vorm die stijl wordt geciteerd en dat de in het glazen middenstuk gegraveerde cirkeltjes verwijzen naar de 'engeltjes' in het plafond die zegenrijk op de tafel piesen. Een stoel, werktafel en boekenrek van gegalvaniseerd ijzer en perspex, genaamd Dichterstafel, wordt door toepassing van de voortdurend terugkerende gulden snede een lieflijke waterval, een cascade van gedempt en minder gedempt licht. Een houten stoel met wegwaaiende poten noemt zich bijna vanzelfsprekend Windkracht Acht. De wulpse vorm van een kast van azuurblauw laminaat verwijst naar een klassieke torso, maar wordt Salvador Dali's Venus niet met simpele middelen, maar met dodelijke ironie in de hoek gezet? Het is in ieder geval een vrolijk, optimistisch en zeer begerenswaardig object geworden.

Pauls alledaagse voorwerpen zijn weliswaar functioneel, in de zin dat de vorm de functie niet overheerst, maar met het functionalisme hebben ze niets van doen. Decoratieve elementen worden niet afgewezen, integendeel, *form includes function.* Versiering wordt liefdevol omarmd totdat het object zelf de gedaante heeft aangenomen van zijn versiering. Versieren heeft in deze eeuw, waarbij ongeveer alle -ismen juist de versiering bevochten, een ongunstige klank gekregen. 'Maar ja, het oog wil ook wat,' zegt Paul Beckman.

Is het kunst of toegepaste kunst? Welke definitie van kunst, of nog lastiger, van een kunstwerk willen we deze keer hanteren? Een voorwerp dat je kunt ophangen of neerzetten in een ruimte, een gedachte, een idee? Moet kunst iets uitdrukken: een concept hebben? Sinds Duchamp is de vraag moeilijker te beantwoorden dan ooit. Desgevraagd mag Paul graag als antwoord een scène beschrijven uit een NSB-propagandafilm over *Entartete Kunst* waarin een non-figuratief schilderij wordt getoond en een commentaarstem ironisch vraagt 'Hangt het zó, of…' terwijl door de wonderen van de filmkunst het schilderij zich 180° wentelt, 'hangt het zó?', waarbij Paul grimmig pleegt te glimlachen en er verder het zwijgen toedoet.

Gaan we ervan uit dat een kunstwerk autonoom is en zijn eigen realiteit heeft, dan is het werk van Paul Beckman kunst, omdat het ook buiten de context een volmaakt zelfstandig object blijft, waaraan altijd een idee ten grondslag ligt. Het feit dat je er wat op of in kunt zetten of op kunt zitten is mooi meegenomen.

Van Paul mogen we de discussie laten voor wat zij is en gewoon genieten van zijn werk, dat altijd anders is dan het lijkt, en dat ertoe bijdraagt dat de wereld een stukje mooier wordt.

J.C. de Groot-Pasman
19-10-1997

'MET MIJN WESTERSE KOP OP DE OOSTERSE TOER'

In 1991 krijgt Paul Beckman de kans om samen met vier andere kunstenaars, Cune van Groeningen, Geert van de Camp, Theo ten Have en Meggy Owel, werk te maken in Cholamandal, een kunstenaarsdorp in de buurt van Madras in Zuid-India. Het land is hem niet onbekend. 'India is het Benidorm voor kunstenaars: er is cultuur, veel te fotograferen, het is warm en je loopt lekker te slenteren'.

Zijn bagage bestaat uit een kist vol gereedschap en een idee om een meditatief object te maken, iets om naar te kijken. 'Ik ging met mijn westerse kop op de oosterse toer.' Het ontwerp van dit object (pag. 48), dat de werktitel 'Public Bench' krijgt, bestaat uit een aantal golvende lijnen, die zo vervlochten zijn dat ze een amandeloog vormen: het schoonheidssymbool in India. Het komt ook voor in prentjes van de Mogul, een dynastie in Noord-India, waarvan mannen en vrouwen met grote ogen worden uitgebeeld. De 'Public Bench' in zijn geheel heeft de vorm van een tiara. Die vorm gebruikte Beckman ook al eens voor een kroeg in Schiedam (pag. 60). 'Daar zocht ik een kroon op de muziek. Zo kwam ik op een tiara vol spiegeltjes, die ik boven het podium hing.'

Als materiaal voor de 'Public Bench' kiest Beckman aluminium. Niet alleen is dat eenvoudig te bewerken en heeft hij daar ervaring mee, ook is het materiaal ter plaatse goed verkrijgbaar. 'De bank is eigenlijk geconstrueerd zoals je vroeger kartonnen bouwplaten met ribben in elkaar zette', zo stelt Beckman. Hij zet het aluminium in een stabiele kokervorm en buigt deze tot golven. De randen van de kokers zijn met popnagels aan elkaar bevestigd, wel zo'n 2500 stuks. Het aluminium van het zitgedeelte van de 'Public Bench' is om een houten basis gezet.

Oorspronkelijk dacht Beckman zes weken nodig te hebben voor het construeren van de bank. Het worden uiteindelijk drie maanden. Perfectionistisch en gedreven als hij is, wil hij het eindresultaat zelf in handen houden. Beckman besluit om zijn gereedschap, o.a. een decoupeerzaag, kniptang en boormachine te verkopen.

In ruil daarvoor kan hij zes weken langer blijven en mag hij ondertussen met hetzelfde gereedschap de bank afmaken.

Hij heeft begrip voor het feit dat de inwoners van Cholamandal de naam 'Public Bench' niet willen overnemen. Voor de Brahmanen, de hoogste kaste in India, is het idee dat de bank voor iedereen toegankelijk is misschien niet acceptabel. Daar staat tegenover dat Beckman nooit eerder zoveel respect ontving voor een kunstwerk in de openbare ruimte.

Patricia Ruisch
1-11-97

The return of Colonel Bogey, 1972
(installatie/installation in De Lantaren, Rotterdam
met/with Charlie van Rest)

Hemelbed, 1978

Bureau Louis XV, 1979

Ledikant, 1979

Consoletafel en spiegel, 1978

Voertuig, 1979

Eethoek, 1980

De West-Europese mens in nood, 1979

Zonder titel, 1979/1980

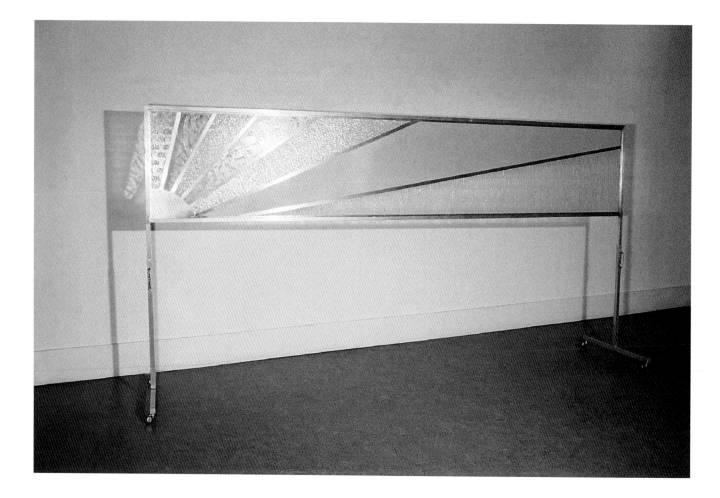

Portable Sunrise, 1980

Hommage aan Brancusi, 1980

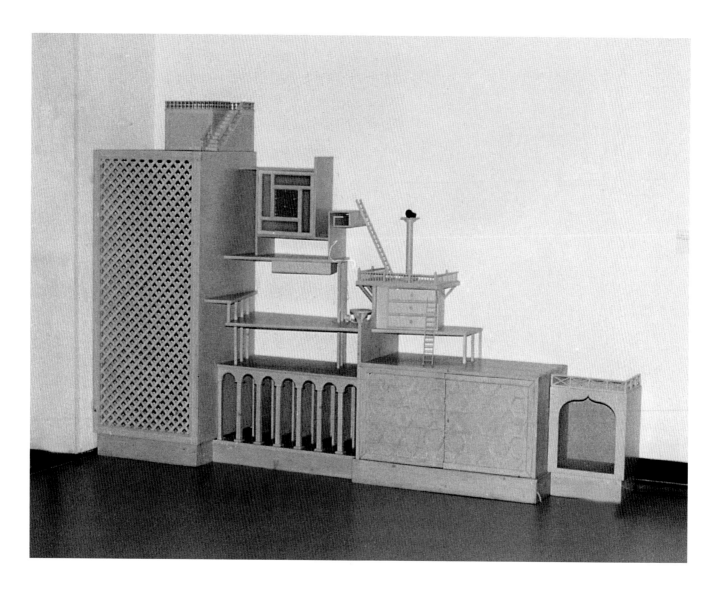

Wandmeubel 'Blue Moon', 1981

Zitbank, 1982

Colosseum, 1984

Wandmeubel, 1986

Salontafel, 1985

Boekenkasten, 1985

Bed 'Fata morgana', 1984/1987

Kaptafel, 1986

Vergadertafel (voor/for Uitgeverij Veen), 1987

Zonder titel, 1987

Zonder titel, 1988

Aruba Carnaval, 1984/1988

Kamerscherm, 1987

Kamerscherm, 1988

Kaptafel, 1988

Kroonluchter, 1989

Televisietafel, 1989

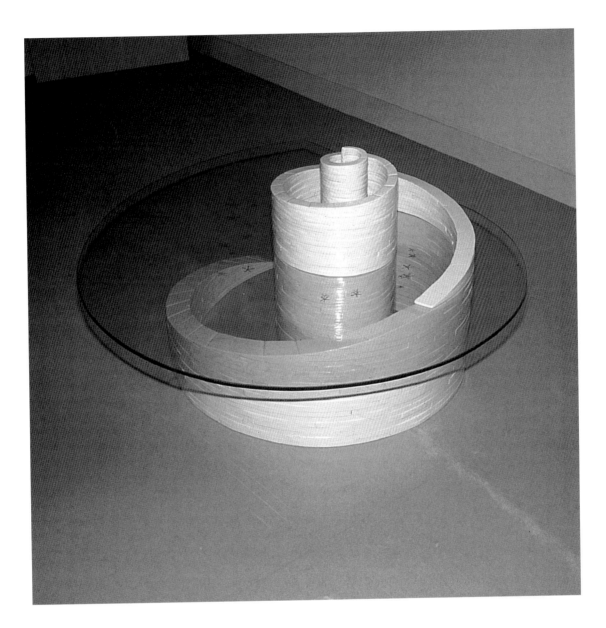

Salontafel, 1989

Zwarte zwaan, 1990

Schrijftafel 'Waterval', 1990

Salontafel 'Lemniscaat', 1990

Twee kamerschermen, 1989

Wandmeubel, 1990

Dressoir, 1989

Kast, 1990

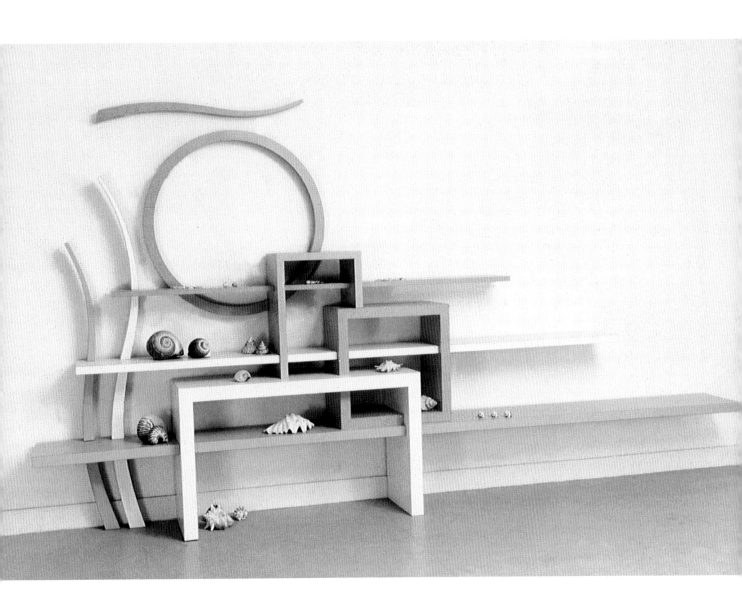

Wandmeubel 'Caribbean Mood', 1990

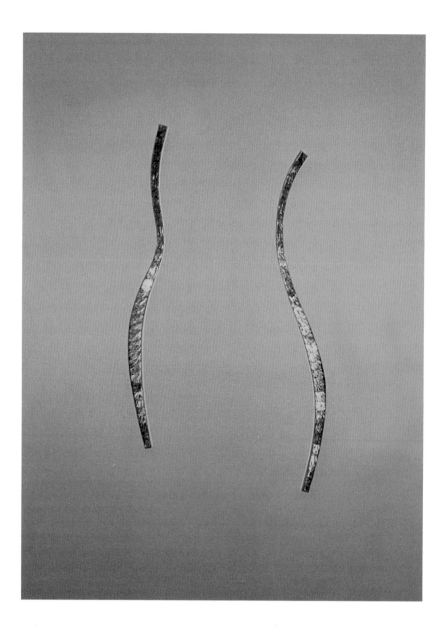

Torso, 1990

Consoletafel, 1991

Publieke bank 'Cholamandal', 1991

Wandkast, 1991

Receptiebalie (voor/for Kunsthal Rotterdam), 1992

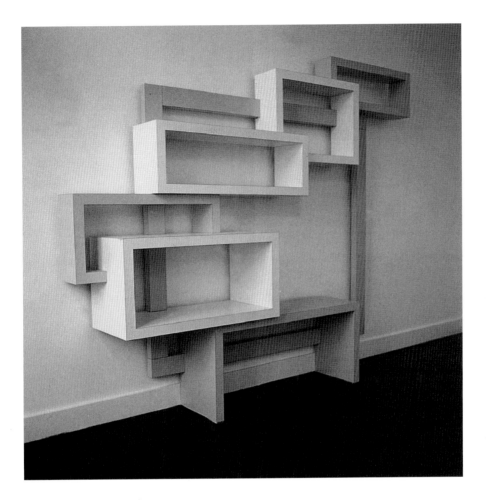

Wandmeubel, 1993

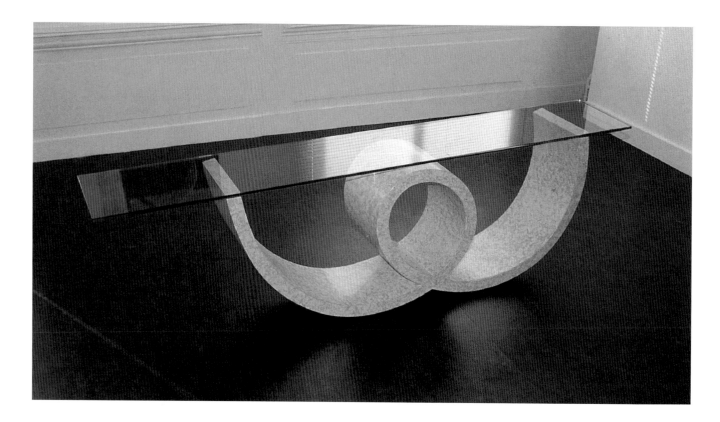

Salontafel, 1993

Werktafel, 1992

Consoletafel, 1993

Vergadertafel (voor/for Uitgeverij Veen), 1993

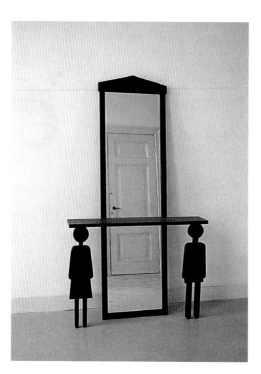

Consoletafel, 1994

Consoletafel, 1995

Consoletafel 'Slauerhoff' (met/with Emo Verkerk), 1993

Kast, 1995

Boekenkast, 1995

Barmeubel (voor/for Theater De Veste in Delft), 1995

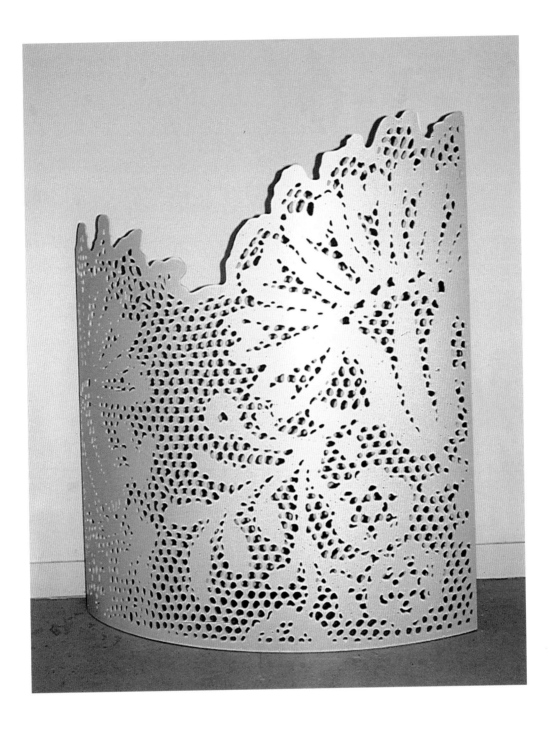

Kamerscherm, 1996

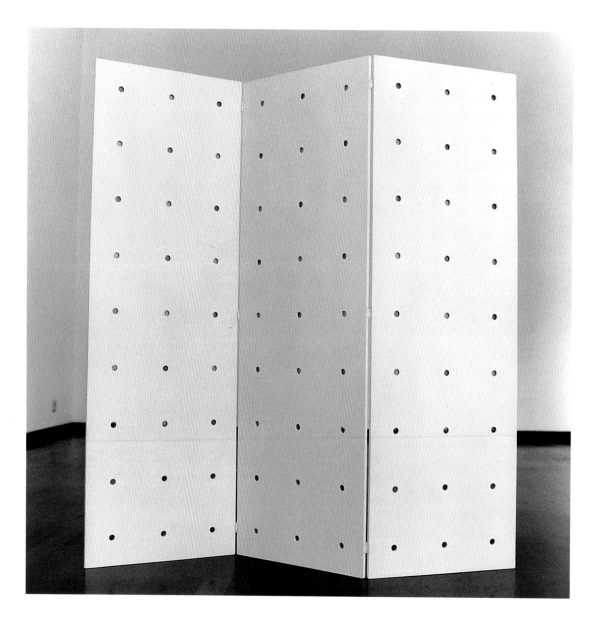

Kamerscherm, 1997

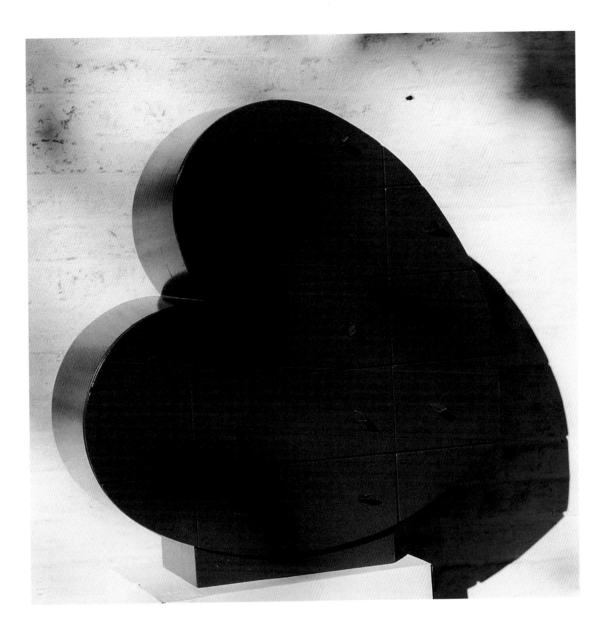

Kunstkabinet 'Claudia', 1996

Commode 'Laksmi', 1997

FOREWORD

Originally a furniture maker, Paul Beckman has been operating in the borderlands of visual and applied art for more than twenty years. His furniture sculptures may be regarded as autonomous objects, but also retain their functionality. Though duly attentive to the functional aspects of the design, the artist expresses such a personal vision of form that the furniture is transformed into sculpture. The design meets all the practical requirements which might be expected from such furniture. At the same time, the artist allows himself to be greatly inspired by his associative imagination. In this way, Rome's Coliseum serves as a model for a wall unit, the Rotterdam bridge forms the inspiration for a bench, a rocky riverbed leads to a dressing table, white lace transforms into a screen and 'Fata Morgana', a bed surrounded with palmtrees and flamingos, creates a vision of a refreshing oasis.

As museum, we attach great value to the works and artistic skills of Paul Beckman, as appears from earlier presentations of his work like 'Sculpture in the city' (1988), 'Furniture as art' (1988), the exhibition 'Composition with roses' (1989), initiated by the then city curator Jan van Adrichem and in various presentations of the City Collection. In 1987 he had a small one-man show in the museum.

The great strength of Paul Beckman lies in his ability, as one of the very few, to create furniture that reflects the essential character of sculpture. Even though his style is more free, more poetic and barely restricted by accepted norms, yet he exactly fits in the tradition of his great predecessor Gerrit Rietveld, who also worked at this crossroads of almost opposite interests and principles and yet achieved perfect balance. And, as Rietveld in all his modesty once remarked: "Sometimes there escapes art". At best, Beckman's furniture also transcends its subject and develops into autonomous, almost abstract sculptures; these are then merely a 'representation' of a piece of furniture.

First and foremost we thank Paul Beckman for this fascinating series of presentations which he made with so much devotion and enthusiasm. We are much indebted to those who have so generously loaned work. We also thank Karel Schampers for preparing the presentations and Gracia Lebbink for designing the catalogue; special thanks to the authors for their contributions.

Chris Dercon
director

(translated by Constance Alderlieste)

ALICE IN WONDERLAND

Paul Beckman's dressing-table with its fitted mirror (page 27) might have come straight out of Wilma Flintstone's boudoir. The table is supported on the left by a branch and on the right by a boulder. The seat has the robustness of a block of granite, and even the cloud above the mirror seems to be hewn from a rock. Nevertheless, Beckman does not aspire to such miraculous feats.

The artist Beckman, who calls himself a 'decorator', abhors the rigid design principles of the Bauhaus architects. He is more likely to be inspired by the mechanism that made the fake shark in *Jaws* look so dangerous, or by the special Hollywood effects that made it look as if King Kong was clambering over the skyscrapers.

Beckman's furniture designs are animated figurations or stagings from fantastical tales. His recent series of furniture is however more abstract. Round suns become square and the anecdotal origin is less apparent, as in his glass table with winged angels. He transforms gloomy attics into a tropical South Sea island, the Flintstones' rocky abode or the classical library of a prince. Beckman, who executes all his designs himself, resorts to ingenious strategies to conceal the practical devices in his creations. The dressing-table lamp is hidden behind the sun, which doubles as a mirror. The flex is artfully guided along the twigs. The hollow spaces in the formica boulders are unexpectedly fitted with drawers and cupboards. Those who buy Beckman's furniture deliberately allow themselves to be led through the looking-glass into little Alice's Wonderland.

Paul Donker Duyvis

(translated by Ruth Koenig)

"THERE'S NOTHING AGAINST GOSSIPING"

"There's nothing against gossiping as long as it is favoured with God's blessing", so goes the maxim which is handwritten on a simple white enamelled tile and signed by Gerard Reve. Paul Beckman got it as a present from 'The Great Dutch Popular Writer' himself. Beckman once belonged to one of the 'Four International House-wives', a panel the writer introduced to comment on his new manuscripts before publication. With the Popular Writer, Beckman shares the love of wine and weird witticisms of life as well as an aversion to pretensions. With great pleasure, Beckman often repeats the 'art historian incident' to friends and acquaintances at his kitchen table: Sitting at the same table during a working visit, a young ambitious art historian kept on chattering about the art-historical context of Beckman's work to such extent that the artist mercilessly decided to turn him out of doors. The story always has the same ending: visibly enjoying the memory of his bold action, the artist pouts his lips and purses them carefully towards his glass. Whether an acknowledged artist or not, he wants to be accepted as he is.

Being one of twelve children from a Schiedam working-class family – his father used to sell scrap wood – he only attended a few years technical school. For years and years he worked in the margin of the art world in which he managed, more or less unintentionally, to acquire his own characteristic position with a slowly developing oeuvre. Only few people know that he was granted an important Rotterdam art prize – the Chabot Prize – ten years ago. Important statements he does not make; revolutionary visions he leaves to other artists. His most important criterium for the making of a new work is whether he wants to give it a place in his own house. When the borderlands between furniture and art managed to secure a position in the world of art, Beckman was suddenly allowed to exhibit his work. Almost all his work has been made by order. Each piece of furniture is unique and linked with a certain place, house and person. Within the freedom allowed to him by the customer,

Beckman thinks it is not too bad "getting stuck" between some demands. He mainly uses wood and almost every object is constructed and modelled by his own hands with simple tools and with the love of the handicraft, which he learnt as a restorer of antique furniture. With the same thorough craftmanship he easily transforms cheap showy coloured formica into something more sublime.

With the great Popular Writer and with four other well-known Rotterdam artists, Beckman shares the special talents to let humour and seriousness harmoniously fade into one another. Great and small affairs are always close together in his life and work. On further consideration, many descriptions of an interesting personality in his surroundings turns out to be a cat. Small anecdotes about the lady next door, one of his friends or travels, a description of a film, music, architecture, or childhood reminiscences are smoothly merging into a description of his artistic work.

Natural phenomena underlie the furniture's design. These are sentiments and events no one should ever relate to furniture, let alone to an exquisite piece of furniture, till Beckman makes it real: the sun setting in the sea, a waterfall, skyscrapers, a fish in water, a cloudy sky, sunlight reflecting in water, a piece of starched lace, watercircles caused by a stone, angels peeing in a piddle on a table, an adolescent girl in love, a Lotus not fully out yet, a powerful wind, the washing of the waves. The definite form only comes into being during execution; he never learnt to make drafts or drawings.

His person, his work, his workroom and even his house, which is so ramshackle and obliquely hangs over the street that the laws of gravitation seem to be inoperative here, are in permanent rebellion to the existing hierarchy of things. Also his love of India is related to the peace and ingenuity with which the ordinary Indian is able to create order in his daily existence, continually balancing on the fringes of almost fatal chaos. And with beautiful women of course.

Beckman's oblique house is soon to be pulled down and his 'old hippie' lifestyle will come to an end. His work is now officially on show in a series of presentations in the museum and here is his first personal catalogue. The other day, during a nightly escapade under a moonless sky, he lost his new glasses in the garden pond at the very same place where new houses will be built. In future, a dredger will dump the glasses together with a lump of earth on a lorry. It was, Beckman grins, his first pair of glasses with vario-lenses: for close and far vision. But in spite of this loss, he will carry this vision of the world with him for the rest of his life. It has become part of himself.

Riki Simons
30-10-1997

(translated by Constance Alderlieste)

IT HAS TO BE DIFFERENT, ALWAYS

… is the task the artist Paul Beckman has set himself to and which he constantly perseveres in his work.

A table, a chair, a cabinet, a screen, objects so ordinary that we aren't aware of them anymore, will become quite new, refreshed and fairy-like when made by Paul.

A manager's table and chairs becomes a playful work of art which is, despite its plain materials, white-painted wood and glass, completely in harmony with the surroundings for which the objects were intended (a nineteenth-century neo-classical room). But also in the indifferent surroundings of the museum it still is an autonomous work of art of which one doesn't need to know that the exuberant form is a citation of that particular style and that the engraved circles in the glass centre refer to the putti on the ceiling which blissfully pee on the table. A chair, a worktable, a bookcase of galvanised metal and perspex, called A Poet's Table, becomes by means of the constantly repeated golden section a lovely waterfall, a cascade of more or less shaded light. A wooden chair with blown-away legs is automatically called Wind-force Eight. The voluptuous form of a sea-blue laminated cabinet refers to a classical torso, but isn't it possible that the Venus of Dali is put aside by simple means and deadly irony? In any case, it has become a lively, optimistic and very desirable object.

It is true that the everyday objects of Paul are functional in a sense that the function is not predominant, but they have nothing to do with functionalism as such. Ornamental elements are not rejected, on the contrary, here *form includes function*. Decoration is lovingly embraced till the object itself has taken the shape of its decoration. In this century where almost every -ism has fought against it, decoration has become an ugly word. But, according to Paul, the eye also wants its due.

Is it art or applied art? Which definition of art or, still trickier, of a work of art do we want to use today? An object you can hang on the wall or can put down in a certain space, a thought, an idea? Is it necessary that art does express something: does it has to have a concept?

Since Duchamp it is more difficult than ever to give an answer. In reply to this question Paul likes to describe a scene from a Dutch nazi collaboration propaganda film about *Entartete Kunst* in which an abstract painting is being shown and the voice-over ironically asks: 'This side up, or … ?' and while in the meantime the painting miraculously turns a 180 degrees, 'this side up?' after which Paul smiles grimly and keeps silent.

Presuming a work of art is autonomous and has its own reality, the work of Paul Beckman can be regarded as art, because in all circumstances it remains a perfectly independent object, founded upon an idea. The fact that you can put something in it or can sit on it, is a nice fringe benefit.

As far as Paul is concerned we can leave the discussion for what it is and simply enjoy his work, which always is different and makes the world a more beautiful place to live in.

J.C. de Groot-Pasman
19-10-1997

(translated by J.C. de Groot-Pasman)

WITH MY WESTERN MIND ALL EASTERN

In 1991 Paul Beckman is given the opportunity, together with four other artists, Cune van Groeningen, Geert van de Camp, Theo ten Have en Meggy Owel, to make work in Cholamandal, an artists' village near Madras in South India. He is not unfamiliar with the country. "India is the Benidorm for artists: there is culture, it is photogenic and warm and you can take a lovely stroll.

His luggage consists of a box loaded with tools and the idea to create a meditative object, something to look at: "I went with my western mind all eastern". The object's design (page 48), working title 'Public Bench', consists of some undulating lines woven to form an almond eye: the Indian symbol of beauty. It is also found with prints of the Moguls, a dynasty in North India, which used to portray men and women with large eyes. The public bench in its entirety is shaped like a tiara, a form he also applied to a bar in Schiedam (page 60). There I looked for a crown on the music. That is how a tiara with small mirrors came to my mind which I suspended from the ceiling.

Aluminium is the material Beckman selected for the making of the 'Public Bench'. This material is not only easily modelled, as he knows from experience, but it also is available everywhere on the spot. "In fact, the bench is constructed in the same way a child learns to fold together a cut-out with flaps", Beckman argues. It is only different in the sense that the cardboard has been substituted by aluminium which is elegantly shaped in wavelike forms. The 'flaps' of the waves are fixed to one another with blind rivets, as much as about 2500. The aluminium of the 'seat' of the Public Bench is positioned around a wooden construction.

At first, Beckman thought he could manage the construction of the bench within six weeks. Eventually, it took him three months. Perfectionist and devoted as he is, he himself wants to be in control of the final result. Beckman decides to sell his tools, such as a jigsaw, a pair of wire-cutters and an electric drill. In exchange, he can stay another six weeks and is permitted to finish the bench with the same tools. He appreciates the fact that the inhabitants of Cholamandel do not want to adopt the name 'Public Bench'. For Brahmins, the highest caste in India, might not accept the idea that the bench is accesible to everybody. But then again, Beckman never got so much appreciation for a work of art in the open air.

Patricia Ruisch
1-11-1997

(translated by Constance Alderlieste)

Biografie
Biography

1946   Geboren/born in Schiedam

        Autodidact/self-taught man

        Werkt als timmerman en meubelmaker/
        works as carpenter and furniture-maker.

        Restaureert antiek/restores antiques.

        Richt tentoonstellingen in voor o.a.
        Lijnbaancentrum, R.K.S en begint
        geleidelijk aan met meubelsculpturen/
        installs exhibitions for Lijnbaancentrum,
        R.K.S. and gradually starts making
        furniture-sculptures.

Solotentoonstellingen
Solo Exhibitions

1979   Galerie 't Venster, Rotterdam
1987   Museum Boymans-van Beuningen,
            Rotterdam
1990   Galerie Van Krimpen, Amsterdam
1991   Galerie Van Krimpen/Art & Project
            (samen met/together with Emo Verkerk)
1996   Stadsmuseum, Woerden
1997-1998   Museum Boijmans Van Beuningen,
            Rotterdam

Groepstentoonstellingen (keuze)
Group Exhibitions (selection)

1981   *Schiedamse Ateliers 6*, Stedelijk Museum,
        Schiedam
1984   *Kunst uit Rotterdam*, Museum Boymans-
        van Beuningen, Rotterdam
1986   *Compositie*, Galerie Van Krimpen,
        Amsterdam
        Rijksaankopen '85, Logement van de Heren
        van Amsterdam, Den Haag
1987   *Van Verre*, Aorta, Amsterdam
        Rijksaankopen '86, Het Prinsenhof, Delft
1988   *Het Meubel Verbeeld*, Museum Boymans-
        van Beuningen, Rotterdam
        Beelden in de Stad, Rotterdam
1989   *Compositie met Rozen*, Centraal Museum,
        Utrecht/Stedelijk Museum, Schiedam
1990   *Compositie met Rozen*, Kubus, Hannover
1991   *Schräg*, Rheinisches Landesmuseum,
        Bonn/Kunsthaus, Hamburg/Het Prinsen-
        hof, Delft
1992   *Meubelsculptuur*, Nijmeegs Museum
        Commanderie van St. Jan
1993   *Meubelsculptuur in Nederland*, Ambachts-
        en Baljuwhuis, Voorschoten
        Tekens en Ketens, Amstelveen, samen-
        stelling/organisation Trees Moolhuysen
1994   *Orangerie*, Rotterdam
1995   *Lampen en Sieraden*, Carin Delcourt van
        Krimpen, Amsterdam
        Over de Melancholie, Galerie Cieremans/
        N. Donia, Rotterdam
        Art Cologne, Galerie Delta, Köln
1996   *Boodschappen van algemene aard*, Torch,
        Amsterdam
1997   *Where the heart is*, samenstelling/organisa-
        tion Paul Donker Duyvis, Hotel Winston,
        Amsterdam

Organisatie tentoonstelling en samenstelling catalogus/
Exhibition organized by and catalogue edited by:
Paul Beckman, Karel Schampers

Vormgeving catalogus/Catalogue designed by:
Gracia Lebbink

Zetwerk/Typesetting:
Holger Schoorl

Foto's/Photographs:
Hans Beckman, Paul Beckman, Marion Busch
(omslag/cover), Geert van de Camp, John Hesselberth,
F.E. Kappelhof, Jannes Linders, Pieter Vandermeer

Vertaling/Translation:
Constance Alderlieste, J.C. de Groot-Pasman,
Ruth Koenig

Produktiebegeleiding/Production assistance:
J.J. van Cappellen

Druk/Printing:
Snoeck-Ducaju & Zoon, Gent

Uitgever/Publisher:
Museum Boijmans Van Beuningen, Rotterdam

Oplage/Edition:
1000

ISBN: 90-6918-190-8

© Museum Boijmans Van Beuningen,
Paul Beckman, de auteurs/the authors

Tentoonstelling en catalogus kwamen tot stand met
steun van / Exhibition and catalogue were realized with
the support of: Overleg Beeldende Kunst Rotterdam
(Museum Boijmans Van Beuningen, Centrum Beeldende
Kunst, Stichting Kunstzinnige Vorming Rotterdam,
Rotterdamse Kunststichting), Fonds voor beeldende
kunsten, vormgeving en bouwkunst, en/and
Uitgeverij Veen.

Bijzondere Begunstigers van Museum Boijmans Van Beuningen/
Corporate Members of the Boijmans Van Beuningen Museum:

ABN AMRO Bank N.V.; CALDIC; Internatio-Müller NV; DURA
BOUW ROTTERDAM B.V.; Aon Hudig; Koninklijke Nedlloyd N.V.;
Unilever; Loyens & Volkmaars; Koninklijke Econosto N.V.; Koninklijke
Pakhoed N.V.; MeesPierson N.V.; Gimbrère en Dohmen Software B.V.;
Hollandsche Beton Maatschappij bv; Generale Bank Nederland N.V.;
Moret Ernst & Young; Nauta Dutilh; Siemens Nederland N.V.;
PTT Telecom District Rotterdam; Bakker Beheer Barendrecht BV;
Mobil Oil B.V.; Nationale Nederlanden ; Van der Vorm Vastgoed B.V.;
Heineken Nederland B.V.; Glaxo Wellcome B.V.; HAL Investments B.V.;
KPMG Accountants Belastingadviseurs Consultants ;
EOE-Optiebeurs; SGS Nederland B.V.; Stichting Organisatie van
Effectenhandelaren te Rotterdam; Hagé International B.V.;
Parc Makelaars; Nidera Handelscompagnie b.v.; Automobielbedrijf
J. van Dijk & Dochters b.v.; KOEN VISSER GROEP; Stad Rotterdam
Verzekeringen; Gebrs. Coster Beheer B.V.; Croon Elektrotechniek B.V.;
Van Dijk Delft B.V.; Dionijs Burger Groep B.V.; Europees Massagoed-
Overslagbedrijf (EMO) bv; Blauwhoed bv; Gemeente Rotterdam,
Afdeling Externe Betrekkingen; Gist-Brocades N.V.